MIRA

a'r trip ysgol

I ddisgyblion Blwyddyn 2M
Ysgol Gymraeg Melin Gruffydd

Cyhoeddwyd gyntaf yng Nghymru yn 2023 gan
Atebol Cyfyngedig, Adeiladau'r Fagwyr, Llanfihangel Genau'r Glyn,
Aberystwyth, Ceredigion SA24 5AQ

Dyluniwyd gan Dylunio Graff**EG**
Golygwyd gan Adran Olygyddol Cyngor Llyfrau Cymru
Cyhoeddwyd gyda chymorth ariannol Cyngor Llyfrau Cymru

ISBN 978-1-80106-332-6

atebol.com

FSC www.fsc.org MIX Paper from responsible sources FSC® C114687

MIRA

a'r trip ysgol

Luned Aaron

atebol

PENNOD 1

Gas gen i nofio. Nofio sydd ar dop fy rhestr o bethau dwi'n eu casáu. Bîns ydi rhif dau ar y rhestr. Bîns gwlyb, oren. Mae nofio a bîns yn bethau hollol afiach. Dychmygwch nofio mewn pwll llawn o fîns seimllyd. Ych-a-fi. Dyna beth fysa fy hunllef gwaethaf un.

Does 'na ddim byd da am nofio. Heblaw gwybod sut i beidio â boddi. Neu taswn i mewn jwngwl a chrocodeils llwglyd bob ochr i mi, yn clecian eu dannedd miniog yn fy wyneb i – wel, ella y bysa'n handi nofio bryd hynny. Ond pryd fyswn i mewn afon llawn crocodeilod llwglyd? Byth bythoedd, gobeithio.

"Mynd i'r pwll mewn chwarter awr – iawn, ferched? Brysiwch rŵan!"

Tydi Mam ddim yn gallu diodde' pan dwi ac Elsi'n siarad yn uchel o gwmpas y tŷ, ond mae hi'n aml yn gweiddi pan mae hi isio i ni wrando arni. Mae Elsi a fi'n rhy brysur yn gwrando ar ddynes gwallt pinc fy hoff raglen anifeiliaid yn siarad am frogaod i wrando arni y bore 'ma, beth bynnag.

Mae brogaod mor glyfar. Maen nhw'n gallu cau eu clustiau nhw unrhyw bryd, ac yna does dim rhaid iddyn nhw wrando ar eu mamau nhw'n eu poeni i wneud pethau dydan nhw ddim isio'u gwneud. Liciwn i allu cau fy nghlustiau fel broga (er, fyddai mam broga ddim yn gofyn i'w phlant hi fynd i wersi nofio achos maen nhw'n treulio hanner eu bywydau yn y dŵr, beth bynnag).

Os mai nofio ydi'r peth gwaetha' yn y byd, yna un o fy hoff bethau ydi cwtsio o flaen y teledu fel hyn – siocled poeth a chrempog ar fy nglin – ac Elsi yn dawel am unwaith! Ar fore dydd Sadwrn braf, dwi hefyd wrth fy modd yn gorwedd fel cath yn fy hoff gadair werdd yn yr ystafell haul a llyfr da i'w ddarllen, y llenni wedi'u cau'n dynn fel 'mod i'n glyd braf. Diwrnod llwyd ydi hi y tu allan y bore 'ma – y tywydd bore dydd Sadwrn perffaith i gwtsio o flaen y teledu.

Mae 'na lot o resymau pam 'mod i'n casáu nofio. Fedra i ddim diodde'r oglau cemegol, bod yn oer ac yn wlyb at fy nghroen, na'r dŵr yn fy nghlustiau. Dwi'n teimlo fel melin wynt wrth i mi fflapian fy

mreichiau'n wyllt o flaen y dosbarth; tydi fy nghorff i ddim yn gwrando arna i pan dwi mewn pwll nofio, yn enwedig gyda'r holl synau sy'n tynnu fy sylw.

Ond Y Peth Gwaethaf Un am y gwersi ydi Gustav. Fy athro nofio ydi Gustav, a dwi'n ei ofn o ychydig bach. Dwi ddim yn deall beth mae o'n ei ddweud achos mae 'na acen ryfedd yn dod o'i geg, o dan y mwstás bach brown sy'n bownsio i fyny ac i lawr fel lindysyn pan mae o'n gweiddi arnon ni.

Tydi Gustav byth, BYTH, yn fy nghanmol i, ond mae Dad yn dweud ’mod i’n lwcus achos mi roedd ei athro nofio o’n arfer ei wthio fo i mewn i’r dŵr pan oedd o’n fach. Tasa hyn yn digwydd i mi, fyswn i’n crio o flaen pawb yn y pwll.

Tydi o ddim yn deg, achos bob tro dwi yn fy ngwers nofio, mae Elsi’n cael hwyl yn sblasio Dad a dringo ar ei gefn fel tasa fo’n ffrâm ddringo. Chwiorydd bach sy’n cael yr hwyl i gyd. Yr un pryd â’r wers, mae Mam yn nofio yn ôl ac ymlaen ac yn codi ei bawd a gwenu’n rhy fawr arna i. Ffordd Mam o drio codi fy hyder i ydi hyn, ond dim ond codi cywilydd arna i mae hi.

Pan o’n i’n fach, roedd Mam a Dad yn arfer rhoi bath i mi yn fy ngwisg nofio er mwyn i mi feddwl mai mewn pwll nofio ro'n i, er mwyn i mi fod yn hapusach mewn pyllau nofio go iawn. Ro'n i hyd yn oed yn gwisgo gogyls mawr yn y bath er mwyn stopio'r dŵr rhag mynd yn fy llygaid wrth iddyn nhw olchi fy ngwallt i. Mi wnaeth Dad brynu cap nofio anghyfforddus a rhyw bethau bach piws i'w stwffio yn fy nghlustiau, er mwyn stopio'r dŵr rhag mynd i mewn i fy mrên i. Ond wnaeth y pethau yma ddim gweithio achos dwi'n dal i gasáu nofio.

"Dim pres poced os na chodwch chi o'r soffa yna yn y ddwy funud nesa, genod!"

Dad sy'n gweiddi rŵan. Pan mae Dad yn sôn am beidio â rhoi arian poced i ni, dwi'n gwybod ei fod o ddifri, a dwi'n gorfod cael arian poced heddiw achos dwi bron iawn efo digon yn fy nghadw-mi-gei i gael bocs newydd o glai modelu.

Dwi'n llowcio gweddill fy siocled poeth ac yn diffodd fy hoff raglen wrth i froga mawr smotiog sboncio'n hapus braf i bwll brown.

Braf fysa gallu byw ar y tir a'r dŵr fel broga bach ... ond nid broga bach ydw i.

Gas gen i nofio.

Fore dydd Llun yn yr ysgol ac mae Mr Griffiths yn dweud bod ganddo newyddion cyffrous i ni. Rydan ni'n mynd ar drip ysgol! Dwi bron iawn yn gallu teimlo'r cyffro'n bownsio oddi ar waliau'r dosbarth.

Mae'n gofyn i ni i gyd eistedd yn dawel wrth ein desgiau. O flaen y bwrdd gwyn, mae o ar fin ysgrifennu i le ry'n ni am fynd, ac mae fy nghalon i'n rhoi naid. Ai i'r fferm anifeiliaid wych yna yr awn ni unwaith eto, neu i'r theatr i weld sioe, fel wnaethon ni Nadolig dwytha, o bosib? Ella mai trip i oriel gelf neu i Sain Ffagan fydd hi.

Pan mae Syr yn ysgrifennu 'Trip Dros Nos i Ganolfan Antur Cefn Eithin' mewn sgrifen fawr, dwi'n cael teimlad trwm, ych-a-fi, yn fy mol. Ro'n i'n anghywir. Trip i ganolfan antur DROS NOS ydi'r trip. Nid fferm neu sw, nid oriel, nid theatr lawn hwyl, ond noson gyfan oddi cartre cyn i ni symud i Flwyddyn Pedwar ar ôl yr haf. Fedra i ddim dychmygu dim byd gwaeth!

"Unrhyw gwestiyne 'te, Blwyddyn Tri?" gofynna Syr, ac yn syth bìn, mae dwylo bron pawb yn y dosbarth yn saethu i'r awyr. Dwi'n trio gwenu ond dwi'n teimlo'n swp sâl go iawn. Oes unrhyw un arall yn teimlo fel fi?

"Gawn ni bynji jympio, Syr?"

Mae Iolo Tomos wastad yn dangos ei hun o flaen y dosbarth ac yn esgus bod dim byd yn ei boeni o. Dyma'r tro cyntaf i mi glywed am bynji jympio, ac mae'n swnio'n beryg bywyd. "Fydd 'na ddim ffasiwn beth yng Nghanolfan Cefn Eithin," medd Syr.

"Pwy fydd yn rhannu stafell gyda phwy, Mr Griffiths?"

Lleucu sy'n siarad rŵan. Bob ochr iddi, mae Clara ac Aashvi'n edrych yn bryderus ar Syr gyda'u llygaid mawr tylluanod, yn amlwg yn poeni y bydden nhw'n cael eu gwahanu. Mae'r tair fel tripledi ac yng nghwmni ei gilydd byth a beunydd. Yn ôl Lleucu, maen nhw'n perthyn i'w gilydd ac yn gyfnitherod coll! Ar ôl ysgol, maen nhw fel arfer yn mynd i wersi ymarfer corff gyda'i gilydd – dawnsio, pêl-rwyd, nofio, gymnasteg ... Maen nhw yn y clwb drama a chôr yr ysgol hefo'i gilydd hefyd, ac maen nhw'n canu'r caneuon rownd y rîl. Dwi ddim yn y côr gan 'mod i'n methu diodde'r sŵn. A dwi ddim yn nabod y caneuon chwaith, felly dwi'n methu ymuno hefo nhw yn y canu.

Tydi'r tair ddim yn gas efo fi na dim byd

fel 'na, ond dydyn nhw ddim yn gwneud i mi deimlo fod 'na le i mi yn eu criw bach nhw, rywsut. Dwi wastad yn teimlo'n anghyfforddus yn fy nghroen pan dwi gyda nhw – mae'n anodd esbonio, ond dwi'n sicr ddim yn perthyn i'w grŵp nhw. Y grŵp cŵl.

"Bydd pawb yn nodi enw tri pherson yr hoffen nhw aros yn yr un stafell â nhw yn y ganolfan," eglura Syr, "ac yna byddwn ni'r athrawon yn ceisio bod mor deg â phosib wrth i ni ddewis y stafelloedd, o'r gore?"

Drws nesaf i mi, mae Lisa'n sibrwd yn fy nghlust, "Fyddi di ar list fi, Mira!" cyn i Syr sylwi a gweiddi "Dim sibrwd, Lisa Aitkin!"

Mae Lisa yn nodio ei phen ar Syr cyn wincio'n gynnes arna i. Fydd neb ar fy rhestr i achos fydda i ddim yn mynd i Ganolfan Cefn Eithin. Bydd Mam a Dad yn deall yn iawn a wnawn nhw ddim fy ngorfodi i i fynd, na wnawn? Sut yn y byd y gallwn i gysgu mewn gwely diarth heb gael stori gan Dad na chân nos da gan Mam? A beth am y bwyd? Rhyw fwyd gwlyb, ych-a-fi fydd 'na, siŵr o fod, a finnau heb ddewis! Ac nid yn unig y byswn i oddi cartre mewn gwely oer, diarth am noson gyfan, dwi'n sicr y bydde lot fawr o NOFIO mewn lle o'r fath hefyd.

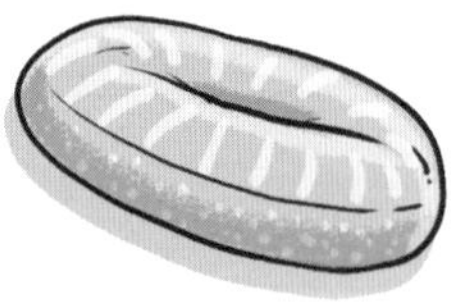

Y peth ydi, dwi'n dda i ddim mewn chwaraeon. Dwi erioed wedi ennill unrhyw beth yn y mabolgampau, dwi ddim yn mynd i wersi dawnsio na gymnasteg, pêl-rwyd na phêl-droed. Yn ôl Miss Mills, sy'n dysgu chwaraeon i ni ar brynhawn Mercher, mae gen i ddwy droed chwith, ond nid fy mai i ydi

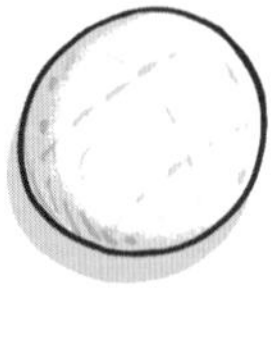

hynny. Mi wnes i drio hoci am dymor ar ôl i Mam fy ngorfodi i, ond mi ges i stopio cyn mynd i Flwyddyn Tri achos ro'n i'n ei gasáu o gymaint. Fi oedd yr unig un yn ein blwyddyn ni wnaeth fethu'r prawf beics, a phob amser chwarae, pan mae'r rhan fwyaf o'r merched yn ymarfer eu holwynion troi, mae'n well gen i fod ar ddyletswydd a thacluso desg Syr yn y dosbarth – hynny, neu chwarae gwyddbwyll gyda Lisa, neu ddarllen yn y gornel dawel.

Mae'r dwylo'n dal i chwifio ym mhob cornel o'r dosbarth a Syr yn gwneud ei orau i ateb yr holl gwestiynau.

"Bydd digonedd o bethe cyffrous yng

Nghefn Eithin i chi, Blwyddyn Tri. Pethe fel canŵio, cloddio, dringo clogwyni …"

Dwi'n fwy sicr byth erbyn hyn. Dwi ddim yn mynd ar Y Trip Ysgol.

PENNOD 3

Mi wnes i boeni am wythnosau am Y Trip Ysgol, a threulio lot o amser yn meddwl a phoeni, poeni a meddwl, yn enwedig am yr holl chwaraeon fyddai yno a'r ffaith na fyddwn i'n gallu dewis beth i'w fwyta. Wrth i mi boeni, doedd y teimlad ych-a-fi yn fy mol ddim yn mynd. Roedd y poeni fel rhyw gadair siglo yn symud odana i o hyd ac o hyd.

Gyda phwy fyswn i'n rhannu ystafell, a beth os byswn i'n disgyn o ryw gwch i'r llyn dwfn?! Ella y byddai plant diarth o

ysgol arall yn aros yn y ganolfan yr un pryd â ni, hyd yn oed!

Bob nos amser te, mi fyddai Mam a Dad yn trio newid fy meddwl, gan sôn cymaint y gwnaethon nhw fwynhau tripiau ysgol pan oedden nhw'n ifanc fel fi. (Dwi'n methu dychmygu pobl fawr yn fach, ond amser maith yn ôl mi roedd Mam a Dad yn fabis!) Yn y diwedd, dyma Mam a Dad yn cael 'sgwrs fach' gyda Syr un noson ar ôl ysgol, a dweud wrtho fo gymaint o'n i'n poeni. Dim ond fi o'r dosbarth i gyd oedd yn teimlo fel hyn, meddai Mr Griffiths. Dim ond fi oedd ddim eisiau mynd. Mi ddwedodd Syr mor wych oedd y lle a'i fod o wedi bod yno ar sawl trip arall. Mi fyddai yna ddigon o ddewis o ran bwyd, ac mi ddwedodd Mam y cawn i fynd â bag mawr o fy hoff snacs, a losin hefo fi, hyd yn oed. Dyma Dad yn dweud y cawn i docyn llyfr gwerth deg punt taswn i'n mynd.

Felly dwi'n mynd. Dwi'n mynd ar Y Trip Ysgol.

Does gen i ddim syniad gyda phwy fydda i'n rhannu ystafell, ac mae'n gas gen i'r teimlad yna o beidio â gwybod yr holl fanylion bach a mawr. Un peth dwi'n gwybod fydd yn helpu, a rhestr ydi'r peth yna. Dwi heb orfod creu un fy hun (fel fydda i'n arfer ei wneud cyn mynd ar wyliau) gan fod Syr wedi paratoi rhestr fanwl i ni o'r holl bethau fyddwn ni eu hangen ar y trip. Dyma'r rhestr:

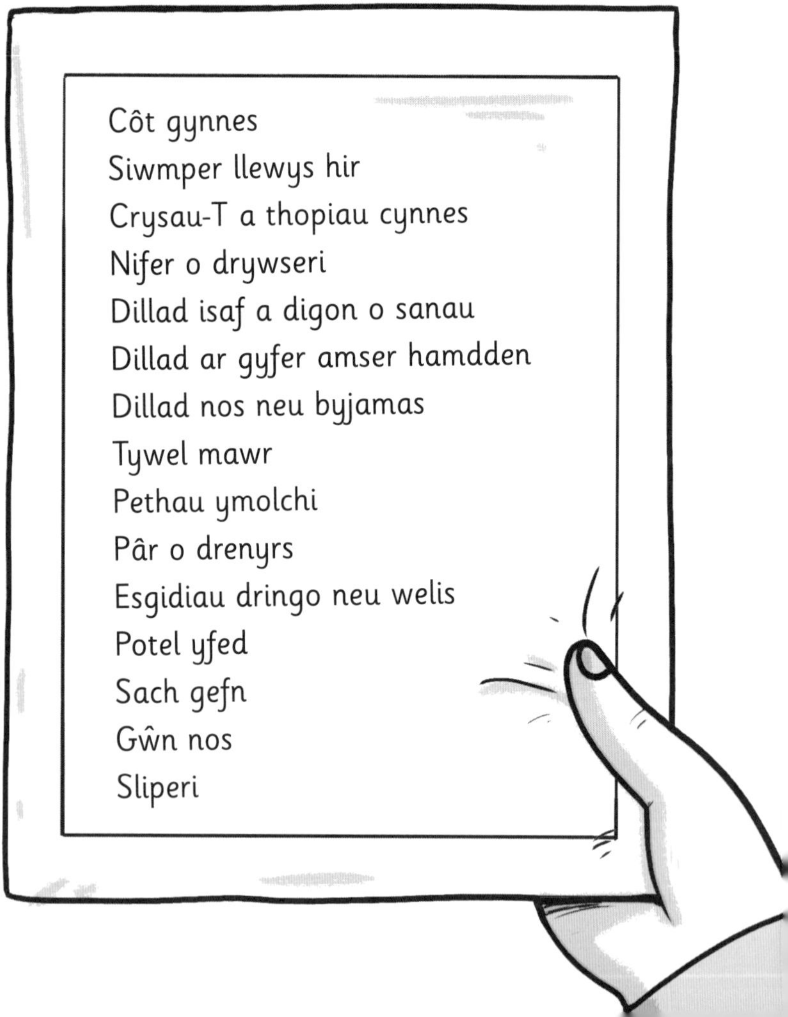

Dwi'n falch ofnadwy nad ydi gwisg nofio ar y rhestr.

"Waw, am restr!" medd Mam wrth ddarllen rhestr Syr yn uchel.

"Ti'n iawn, Carol," medd Dad, sy'n hel ei bethau i fynd ar ei shifft nos yn yr ysbyty. "A dim ond am noson mae Mira'n mynd!"

Dwi'n pacio a phacio, ailbacio, a phacio eto. Dwi'n hoffi pacio ond mae hyn yn wahanol. Mi fydda i'n bell o ystafell Elsi a fi, a phob peth dwi'n ei nabod am noson gyfan, felly mae'n rhaid i mi gofio'r pethau pwysig, on'd oes? Dwi'n pacio tri o fy hoff deganau *fidgets*, fy *mood ring*, un o fy ngherrig *opal* mwyaf lliwgar o fy nghasgliad, a fy nghlustffonau atal sŵn siâp crwban. Tydi llyfrau ddim ar restr Syr, ond mae Dad yn dweud y byddai'n iawn i mi bacio rhai yn fy mag, felly dwi'n dewis pum cyfrol fach denau. Gobeithio y bydd hynny'n ddigon. Er bod Syr wedi dweud ein bod ni'n cael dod â thedi gyda ni os ydan ni isio, dwi'n penderfynu gadael Cadog y Crwban ar ôl, rhag ofn na fydd neb arall yn fy ystafell yn dod â thegan efo nhw. Dwi ddim am fod yn destun sbort.

O'i fowlen gron, mae Alffi'r pysgodyn yn edrych yn syn arna i wrth i mi lenwi fy mag, gan agor a chau ei geg. Tydi o ddim yn gorfod mynd i unlle. Mae Elsi'n fy ngwylio i'n pacio hefyd wrth orwedd hefo'i dolis ar ei gwely bach blêr (tydi Elsi ddim yn dwt fel fi. Mae Mam yn dweud 'mod i'n 'gosod esiampl' iddi, fel chwaer fawr).

"Mifa moyn Aniela dod af y tfip hefyd?" Mae'n estyn un o'i hoff ddolis i mi. Dwi'n meddwl y byse Elsi'n hoffi dod efo fi i Gefn Ethin. Mi fyse hi wrth ei bodd gyda phob gweithgaredd yna, dwi'n siŵr.

Ar ddiwedd y rhestr, mae Mr Griffiths yn pwysleisio bod angen labelu pob un dim. Maen nhw'n cadw'r holl eitemau coll am bedair wythnos, yn ôl y llythyr, ond ar ôl hynny, mi fyddan nhw'n mynd i siopau elusen! Mae'r syniad o golli fy mhethau yn fy llenwi â dychryn, felly dwi'n helpu Mam, sydd wrthi fel fflamia yn labelu pob dim ar sticeri bach gwyn.

Y peth pwysicaf dwi'n ei bacio ydi'r pecyn o dda-das (*Haribos*, *Squishies* a *Love Hearts* o'r siop gornel – mi ges i eu dewis nhw ar ôl ysgol heddiw). Tybed gawn ni wledd ganol nos? Mae 'na ran fach ohona i'n gyffrous wrth feddwl am y posibilrwydd.

Ar ôl i mi roi tic wrth ymyl pob dim sydd ar y rhestr, mae Mam yn rhoi'r bag wrth ymyl y drws ffrynt, yn barod i fynd efo fi yn y bore.

Ond dwi'n methu'n lân â chysgu, er bod Dad yn rhoi stori reit dda i mi am ferch sy'n achub y goedwig o elynion planed bell y Bilabongiaid, ac er i Mam ganu fy hoff gân bedair gwaith cyn nôl bisged a llaeth i mi. Beth os ydw i wedi anghofio pacio rhywbeth? Mae 'nghoesau i'n bownsio o dan y dwfe ac mae chwyrnu uchel Elsi'n mynd ar fy nerfau. Pam na alla i syrthio i gysgu'n hawdd fel hi? Dwi'n codi i bi-pi eto – ac eto ac eto. Gobeithio na fydda i fel hyn nos yfory.

Ar ôl hydoedd, dwi'n cofio am dric bach sy'n gallu fy helpu i fynd i gysgu.

Dwi'n cau fy llygaid yn dynn, wedyn dwi'n meddwl am dŷ fy mreuddwydion. Tŷ uchel mewn coeden ydi o, gyda lifft tryloyw i'r drws ffrynt a llithren hir yn dod o'r drws cefn i'r gwaelod. Wrth gerdded i mewn, mae 'na beiriant losin sy'n rhoi da-das am ddim i mi, ac ar hyd y waliau, mae 'na bysgod bach lliwgar mewn tanciau gwydr. Fy hoff ystafell ydi'r llyfrgell olau, wrth gwrs, a'i llond o silffoedd at y nenfwd, yn drwm gan lyfrau o bob math.

O'r diwedd, dwi'n syrthio i gysgu, ac yn dychmygu'r haul ar fy wyneb wrth i mi eistedd yn fy llyfrgell bersonol gyda llyfr da yn gwmni.

Yn y bore, mae fy mol i'n glymau i gyd a dwi'n methu'n lân â gorffen fy uwd, er bod Mam wedi ysgrifennu fy enw arno efo cyrains bach a rhoi lot mwy o syrop ar fy mhlât nag arfer.

Mae Dad yn ei byjamas ac ar fin mynd i gysgu ar ôl bod yn gweithio drwy'r nos ar y ward. Cyn mynd yn ôl i'w wely, mae o'n rhoi cwtsh mawr cynnes i mi a dwi isio aros yn ei freichiau am byth.

Ond mae gyda ni fws i'w ddal ac mae Mam yn edrych ar gloc y gegin drwy'r

amser. O'r diwedd, rydan ni'n tair drwy'r drws ffrynt ac mae Mam yn cario fy mag. Mae Elsi wedi cyffroi'n lân ac yn gweiddi "Mifa yn mynd af ei gwyyyyyyyyliau!" drosodd a throsodd a throsodd.

Mynd yn y car i'r ysgol ydan ni y bore 'ma. Mae'n rhyfedd peidio sgŵtio, ond tydi Mam ddim isio i mi golli'r bws, ac mae hi angen cyrraedd ei hysgol ei hun yn gynnar heddiw (athrawes wyddoniaeth ydi Mam mewn ysgol fawr. Athrawes Bioleg. Mae hi, fel fi, yn hoffi anifeiliaid bach y byd hefyd).

Wrth gyrraedd yr iard, y peth cyntaf dwi'n sylwi arno ydi'r cesys enfawr sydd wedi'u gosod o flaen bŵt y bws. Bag cefn sy'n dal fy mhethau i, ond mae'r rhan fwyaf o'r merched eraill wedi dod â chesys gwyliau efo nhw. O'u gweld nhw, mi fyddech chi'n meddwl eu bod nhw'n mynd ar drip am wythnos yn lle noson!

"Mwynha bob munud, cariad," medd Mam, wrth roi cwtsh mawr i mi tra bod

Elsi'n tynnu ar fy nghôt.

"Mifa yn colli Elsi?" gofynna'n obeithiol a dwi'n gadael iddi gofleidio fy nghoes, er bod pawb yn y flwyddyn yn gallu gweld. O leiaf tydi Mam ddim yn estyn ei ffôn o'i phoced i dynnu llun ohona i, fel mae hi'n ei wneud fel arfer. Diolch byth am hynny!

"Pawb mewn rhes daclus wrth fynd ar y bws nawr, o'r gore, Blwyddyn Tri?"

Felly, i mewn â ni. Dwi ddim yn siŵr lle i eistedd ond dwi'n falch ofnadwy pan mae Lisa'n bachu sedd yn y blaen ac yn fy ngalw i draw i eistedd wrth ei hymyl hi.

Tydi Mr Griffiths heb gysgu'n wych, chwaith, dwi'm yn meddwl. Mae ei sbectols bach crwn yn stemio wrth iddo gyfri ac ailgyfri pennau pawb, gan weiddi arnon ni i eistedd yn ein seddi. Mae o'n chwarae gyda'i wallt gymaint nes ei fod o'n sticio i fyny fel plu cocatŵ ar dop ei ben. Dwi'n teimlo biti drosto fo braidd. Ella nad ydi o isio mynd ar Y Trip Ysgol chwaith, fel fi.

"Pawb i eistedd nawr, Blwyddyn Tri. Bach o drefen, plis!"

Mae'r bws mor swnllyd â sw, a dwi'n difaru'n dawel bach bod fy nghlustffonau yn fy mag ym mol y bws. Yn y cefn, mae'r bois yn trio ymladd am eu lle, ond Lleucu a'r merched sy'n llwyddo i gyrraedd yno gyntaf. Cyn i'r bws symud modfedd, hyd yn oed, maen nhw'n dechrau canu eu caneuon o gôr yr ysgol, ac mae Lleucu yn y canol yn canu'n uwch na neb. Cyn bo hir, mae'r rhan fwyaf o'r dosbarth yn ymuno efo nhw, ond tydw i na Lisa ddim yn canu (tydi Lisa ddim yn y côr chwaith).

Rydan ni'n chwarae 'Ffeithiau Anifeiliaid', wedyn gêm ar ôl gêm o 'Hangman', a dwi'n ennill chwech allan o ddeg. Dwi'n dal i boeni am y ganolfan yn ddistaw bach – y noson oddi cartre a'r holl bethau diarth sydd i ddod, ond mae Lisa'n tynnu fy meddwl o'r poeni ychydig bach wrth sôn am yr holl dda-das sydd ganddi yn ei bag. Pan mae hi'n gwneud i'w hwyneb droi'n goch fel tomato trwy gau ei llygaid yn dynn a dal ei gwynt, dwi'n chwerthin nes bod gen i boen yn fy mol. Gobeithio mai Lisa fydd yn rhannu ystafell efo fi heno.

PENNOD 5

Y gair cyntaf i ddisgrifio Canolfan Cefn Eithin ydi ANFERTHOL. Heb eu cyfri, mae'n siŵr fod cannoedd o ffenestri bach ynghanol y miloedd o friciau. O gwmpas yr adeilad mawr llwyd, mae 'na gaeau yn estyn allan fel lliain bwrdd mwya'r byd. Yn y pellter, dwi'n gweld ambell i garw yn pori'n fodlon braf, ond tydan ni ddim yn cael sefyll o gwmpas, medd Syr.

"Pawb i ymgynnull nawr yn y cyntedd, ac wedyn fe fyddwch chi'n ffeindio mas pwy fydd yn rhannu stafell 'da chi. A chofiwch eich bagie, da chi, Blwyddyn Tri!"

Mae fy mol i'n gwneud tro wrth i mi gerdded trwy ddrysau mawr y ganolfan. Pam na ddwedodd Syr wrthon ni cyn cychwyn pwy fydd yn yr un ystafell â ni, yn lle rhoi syrpréis fel hyn? Dwi ddim yn ymdopi'n dda iawn gyda syrpreisys, medd Mam. Ar fy mhen-blwydd yn chwech oed, mi drefnodd hi a Dad barti syrpréis mawr i mi ar ein gwyliau gyda fy holl gefndryd, ond mae'n well gen i fod yn rhan o'r trefniadau.

Ar y wal yn y dderbynfa, mae 'na restr sy'n nodi pwy fydd yn cysgu lle a gyda phwy. Mae Lleucu, Clara ac Aashvi'n chwerthin yn swnllyd ac yn rhoi pump uchel a chwtshys i'w gilydd, wrth iddyn nhw sylwi eu bod nhw am rannu ystafell.

Wedyn mae Lleucu'n edrych draw ata i. Mae Clara'n edrych arna i hefyd, ac mae Aashvi'n pwyntio at y rhestr ac yn chwifio arna i i ddod draw atyn nhw.

Felly rhannu ystafell gyda'r genod cŵl fydda i. Y tripledi sydd byth wedi'u gwahanu. Y cyfnitherod coll. A fi. Dwi isio crio.

"Tyrd mla'n, malwen!" medd Aashvi, gan fy mhwnio i'n ysgafn yn fy mraich. Mae hi'n gwenu wrth wneud, a dwi ddim yn meddwl mai bod yn gas mae hi, ond dwi'n dal isio crio. Wrth i ni chwilio am yr ystafell gyda'n gilydd, mae'r tair yn tynnu eu cesys enfawr ar olwynion wrth i mi halio fy mag ar fy nghefn.

"Pam mae dy fag di mor fach, Mira?" gofynna Lleucu wrth hwylio heibio i mi yn y coridor â'i phen yn yr awyr. "Ti 'di cofio pacio pob dim, do?"

Ystafell Y Wiwerod ydi ein hystafell ni. Dwi'n dychmygu teulu o wiwerod bach ciwt yn hel eu cnau yn glyd at y gaeaf, ond dwi ddim yn meddwl y bydden nhw'n hoffi'r

ystafell foel yma, rywsut. Fwyaf sydyn, dwi'n ysu i fod yn ôl gartre, yn cwtsio ar fy sach ffa yn ystafell Elsi a fi. Yn fan'no dwi eisiau bod, nid yn y gell oeraidd yma gyda'i gwlâu byncs metel a'i waliau moel. Uwch ein pennau ni, mae 'na synau traed swnllyd i'w clywed ar hyd y lloriau pren.

Wrth i mi hel meddyliau fel hyn, mae Lleucu, Clara ac Aashvi wedi penderfynu'n barod lle fyddan nhw'n cysgu, a dim ond y bync top yn y gornel sydd ar ôl i mi. Mi fyddai'n well gen i fod ar un o'r gwlâu gwaelod, rhag ofn y bydd angen i mi godi yn y nos i bi-pi, ond mae'n rhy hwyr rŵan.

Rydan ni'n dadbacio ein bagiau a dwi'n gosod fy llyfrau mewn rhes dwt wrth ymyl y gobennydd.

"Do'n i'm yn gwybod bod llyfrgell yng

Nghefn Eithin, genod!" medd Lleucu, gan biffian chwerthin.

"Na fi!" medd Clara wrth dynnu ei phethau o'i chês mawr arian. "Gen ti fwy o lyfrau a *fidgets* na dillad, Mira!"

Dwi'n llyncu fy mhoer ac yn ymladd y dagrau'n ôl wrth i mi estyn fy mhethau o fy mag. O gornel fy llygaid, mi fedra i weld y merched yn estyn pob math o ddillad arbenigol o'u cesys – trywsusau atal dŵr, siacedi mawr cynnes, blancedi fflwfflyd, gorchuddion dwfe, hyd yn oed – pob math o bethau nad oedd ar y rhestr!

Wedyn, mae'r gloch yn canu.

PENNOD 6

Y peth cyntaf sy'n rhaid i ni ei wneud yng Nghefn Eithin ydi creu den. Mae Lisa'n chwerthin yn braf wrth geg y goedwig gyda Marged ac Adele, ac mae'n chwifio'n hapus arna i wrth iddi gario llwyth o frigau tenau o dan ei braich. Dwi'n meddwl y byswn i'n gallu mwynhau yma taswn i yng ngrŵp Lisa, ond grŵp Y Wiwerod ydi fy ngrŵp i.

Yn syth bìn, mae Lleucu'n dechrau dweud wrtha i beth i'w wneud, a phob tro dwi'n mentro awgrymu unrhyw ffordd wahanol o adeiladu ein den, mae'n siglo ei phen yn bendant. Tydi hi ddim yn cario dim o'r pren a'r brigau ei hun, ac mae'n crychu'i thrwyn bob tro mae'n gweld unrhyw bryfyn yn dod i'r golwg. Dwi ddim yn meindio pryfed o gwbl – a dweud y gwir, dwi'n meddwl eu bod nhw'n reit wych. Fy hoff fath ydi'r pryfyn dail gyda'i adenydd gwyrdd, yr union yr un siâp â deilen. Mi fydda i wrth fy modd yn astudio pryfed a dysgu ffeithiau amdanyn nhw, yn enwedig os dwi'n gweld un gwahanol i'r arfer. Un tro, mi ddaeth Dad o hyd i gocŵn chwilen gorniog yn ddwfn ym mhridd ein patsyn tatws. Ychydig wythnosau wedyn, roedd y pry wedi gadael ei gocŵn a thyfu pâr o gyrn anhygoel!

O'n cwmpas ni, mae pawb yn brysur ac yn tynnu eu pwysau fel tîm – yn union fel morgrug bach yn gwneud eu gwaith. Maen nhw i'w gweld yn cael llond trol o hwyl yn adeiladu efo'i gilydd, ond mynnu ein bod ni'n creu den gwell na neb arall mae Lleucu, er mwyn i'n tîm ni ennill. Tydan ni ddim yn cael hwyl o gwbl a dwi wir isio mynd adre. Tasa gen i fy ffôn fy hun, mi fedrwn i ffonio Mam a Dad a gofyn iddyn nhw ddod i fy nôl i mor fuan â phosib, ond dwi'n rhy ifanc i gael fy ffôn fy hun, medden nhw.

"Pawb yn cael hwyl fan hyn, fi'n gweld?" Mae Mr Griffiths yn edrych yn hapusach erbyn hyn ac yn yfed ei de o fflasg wrth dynnu lluniau o bob tîm yn eu tro.

"Gwenwch i Mr Griffiths 'te!"

Mae Lleucu, Clara ac Aashvi'n estyn eu breichiau'n dynn o amgylch ei gilydd yn eu siwmperi 'Ffrindiau' gawson nhw o'r Eisteddfod, gan wenu'n llydan ar ffôn Syr. Dwi'n sefyll ar wahân, yn trio datglymu darn hir o raff.

Pan ddaw amser cinio, dw'n teimlo'n reit llwglyd ar ôl yr holl waith caled yn yr

oerfel, ond dwi heb gael fy mharatoi at y profiad o fod yn ffreutur y ganolfan. Yr arogl sy'n fy nharo i ddechrau – hynny, a'r sŵn byddarol wrth i bawb ruthro i mewn, yn gweiddi am y gorau. Wedyn, dwi'n gweld y crochan llawn *spaghetti bolognese* y tu ôl i'r cownter, yn un gybolfa seimllyd a gwlyb fel gwaed. Dwi ddim yn gweld opsiynau eraill, fel roedd Syr wedi eu haddo i mi, ond o leiaf mae 'na gaws wedi gratio a bara garlleg. Bara garlleg a chaws i mi, felly.

Dros ginio, mae Lleucu'n sôn wrth dîm Y Ceirw pa mor dda ydi ein den ni. O wrando arni, mi allech chi feddwl ein bod ni wedi adeiladu palas o berlau a diemwntiau mwyaf gwerthfawr y byd. Dwi'n dewis banana yn lle'r pwdin reis, ac wrth i mi giwio, mae 'na sŵn tincian uchel. Dwi'n meddwl mai rhywun sy'n gweithio yma sy'n taro ei gwydryn – dynes dal â mop o wallt coch a gwên sy'n cyrraedd ei chlustiau. O fewn ychydig eiliadau, mae'r ffreutur wedi tawelu, a sylw pawb wedi ei hoelio arni hi.

"Croeso i Gefn Eithin, blant! Tina ydw i. Gobeithio bod pob un ohonoch chi'n mwynhau hyd yma. Cofiwch roi gwybod i mi neu un o'r arweinwyr eraill os oes unrhyw beth yn eich poeni chi, iawn? 'Dan ni yma i'ch helpu chi."

Dwi'n edrych i lawr ar fy manana ac yn trio gweithio allan faint o oriau sydd ar ôl nes bydda i adre.

"Llongyfarchiadau i chi i gyd ar y dens, gyda llaw," medd Tina. "Mi gawsoch chi hwyl go lew arni. Gêm fach o rownderi yn ein timoedd gawn ni nesa, wedyn, mi gawn ni ddechrau ar y gweithgareddau gwlyb! Gobeithio eich bod chi'n edrych ymlaen."

Gweithgareddau gwlyb? Dwi ddim yn edrych ymlaen o gwbl.

PENNOD

Wnes i ddim mwynhau'r rownderi. Fethais i â dal y bêl – dim un waith – ac ynghanol y gêm, mi ddwedodd Lleucu yn fy nghlust 'mod i'n siom i weddill tîm Y Wiwerod. Wrth i mi sefyllian ar y cae, roedd 'na aderyn du yn canu ar frigyn wrth fy ymyl i. Wedyn mi agorodd ei adenydd a hedfan i ffwrdd, jest fel 'na. Ro'n i isio bod fel yr aderyn du ond roedd rhaid i mi sefyll ynghanol cae yn aros am bêl i'w dal.

Ar ddiwedd y gêm, dyma Tina'n dweud wrth bob tîm pa weithgaredd fydden nhw'n

ei wneud nesaf. 'Gweithgareddau gwlyb' – dyna beth ddwedodd hi. Ych. A. Fi. Bydd hanner y timoedd yn creu rafftiau, a mynd i ganŵio fydd yr hanner arall. Bydd ein tîm ni'n ymuno hefo tîm Yr Eirth – mae'n siŵr y bydd Iolo Tomos yn dangos ei hun yn ôl ei arfer!

Dwi erioed wedi bod mewn canŵ o'r blaen, yn wahanol i Lleucu a Clara sydd wrthi'n cymharu'r holl droeon maen nhw wedi canŵio ar eu tripiau i Center Parcs. Taswn i'n onest, dwi'n teimlo'n reit sâl yn meddwl am y peth ac mae'n cymryd sbel i mi gytuno i wneud y gweithgaredd o gwbl. Ond mae Tina mor garedig ac yn edrych i fyw fy llygaid a dweud bod gen i gryfder mawr y tu mewn i mi. Dwi'n penderfynu bod yn ddewr a nodio fy mhen wrth i Tina wenu'n ffeind arna i.

Rydan ni i gyd yn gorfod gwisgo siaced ddiogelwch oren lachar, ac mae'r bois sydd yn nhîm Yr Eirth yn chwarae'n wirion wrth dynnu ar ein cortynnau ni. Tydi Lleucu ddim yn hoffi'r gêm o gwbl, ac mae'n edrych yn reit bwdlyd wrth dynhau ei siaced.

"Pwy sy'n mynd i mewn gynta, 'ta?" gofynna Tina, ac mae Iolo Tomos yn rhuthro yn ei flaen gan wthio Imran, Dyfan ac Oliver i'r ochr.

"Dim brys rŵan, dim brys!" medd Tina mewn llais amyneddgar.

"Ond fi 'di'r capten!" medd Iolo, ac mae pawb yn chwerthin, gan gynnwys Tina.

Pan ddaw ein tro ni, mae fy nghoesau i'n crynu fel jeli wrth i mi gamu i mewn i'r canŵ. Fel hyn dwi'n teimlo cyn unrhyw brofiad newydd, fel y tro hwnnw pan es i ar y reid uchel yn ffair Ynys y Barri efo Dad ha' dwytha. Ond dwi'n dal llaw Tina'n dynn, a'r funud nesa, dwi yn y canŵ, a dwi'n methu cweit coelio'r peth! Mi fedra i deimlo'r dŵr yn symud yn ysgafn odanon ni, ac er ei fod o'n teimlo ychydig yn rhyfedd, tydi o ddim yn deimlad rhy annifyr chwaith.

Dwi'n reit falch 'mod i efo Iolo a Dyfan

yn lle'r merched, ac mi rydan ni i gyd yn cymryd ein tro i rwyfo wrth i Iolo adrodd un jôc ar ôl y llall, tra bod Dyfan yn rhannu ei *Fruit Pastilles* gyda ni. Ar ddiwedd y sesiwn, mae Tina'n dweud y gallwn ni neidio i mewn i'r dŵr o'n canŵs, os ydan ni isio. Neidio i mewn? Dim diolch yn fawr! Fedra i ddim dychmygu dim byd gwaeth. Mae neidio i bwll nofio oer ar fore Sadwrn gyda Gustav yn gweiddi uwch fy mhen yn ddigon gwael, heb sôn am lyn rhewllyd fel yr un yma!

Iolo ydi'r cyntaf i neidio, wrth gwrs, ac mae pawb yn gweiddi'n gyffrous wrth neidio ar ei ôl, wrth i mi ddal yn sownd yn ochrau fy sedd blastig, yn teimlo fel lemon. Wrth i Aashvi godi o'r dŵr, mae ei gwallt hi'n glymau blêr ar draws ei hwyneb ac mae'n chwerthin yn braf, fel tase dim byd gwell na chael eich gwlychu at eich croen mewn llyn oer.

Y funud nesaf, mae'n canŵ ni'n dechrau ysgwyd. Iolo sydd yn y dŵr y tu ôl i ni, ac mae o'n taro ochrau'r cwch yn wyllt fel ein bod ni'n siglo yn ôl ac ymlaen! Yna, mae Dyfan yn disgyn i mewn i'r dŵr. Dwi'n dal i gydio'n dynn, dynn, yn fy sedd ac yn edrych draw at Tina sydd wrthi'n tynnu Clara o'r llyn. Pam nad ydi hi'n dweud wrth Iolo i stopio?!

"Dim ond Mira sydd ar ôl!"

Mae llais Lleucu'n bell, bell wrth y lan, a dyna pryd dwi'n teimlo'r gwlypter yn llifo i lawr fy nghefn. Dwi yn y dŵr! Mae'n sioc achos mae'r dŵr yma'n oerach nag unrhyw bwll dwi erioed wedi nofio ynddo. Ond dwi ddim yn meindio gymaint â hynny, a buan dwi'n dod i arfer, a dweud y gwir. Dwi'n dal fy hun yn chwerthin wrth i mi sblasio dŵr yn ôl yn wyneb Iolo wrth i mi nofio ar ei ôl. Cyn i mi sylwi, dwi wrth y lan. Rywsut, dwi wedi llwyddo i nofio yr holl ffordd draw, heb hyd yn oed drio! Dwi mor, mor falch ohona i fy hun.

Beth fyddai Gustav yn ei ddweud tase fo yma i 'ngweld i?

PENNOD 8

Mae'r nos yn cyrraedd, a dwi wedi blino'n lân. O leiaf roedd 'na ddewis i swper heno, ac mi ges i sedd wrth ymyl Lisa yn y ffreutur. Roedd hi'n llawn o hanes ei phrynhawn, yn creu rafft gyda'i thîm hi, Y Draenogod, a thîm Y Ceirw.

Fel trît am weithio mor galed, mae Tina'n dweud ein bod ni'n cael gwisgo'n pyjamas ar ôl swper a gwylio ffilm fach yn y neuadd. Felly rydan ni i gyd yn swatio yn ein *onesies* a'n sliperi o flaen sgrin fawr, gyda bag bach o bopcorn yr un, a siocled poeth. Ar ôl i bawb setlo, mae'r ffilm yn dechrau a finnau'n trio dychmygu beth fyddwn ni'n ei wylio. Dim byd rhy frawychus, gobeithio.

Y peth cyntaf i ymddangos ar y sgrin ydi pen Syr o flaen y ganolfan, ac yna, ein pennau bach ni o Flwyddyn Tri yn bownsio fesul un i lawr grisiau'r bws y bore 'ma. Felly ffilm amdanon ni fydd hon … Mae'r daith i Gefn Eithin yn teimlo fel oes gyfan i ffwrdd erbyn hyn, wrth i mi feddwl cymaint sydd wedi digwydd ers i mi ffarwelio efo Mam ac Elsi ar iard yr ysgol. I feddwl 'mod i wedi llwyddo i nofio fel wnes i mewn llyn mor oer! Mi fyse Dad wedi bod mor falch ohona i.

Wrth i mi feddwl am antur y canŵio, dwi'n clywed sgrech gyfarwydd yn dod o gyfeiriad y sgrin fawr – "Dim ond Mira sydd ar ôl!" Llais Lleucu wrth y llyn. Yr eiliad nesaf, mae'r sgrin wedi'i llenwi gyda fy wyneb i. Fy wyneb fy hun yn ddryswch i gyd, yn codi o'r dŵr fel môr-forwyn ar goll a fy ngwallt ym mhob man. Tydi'r ffilm ddim yn fy nangos i'n nofio i'r lan – ddim o gwbl – ac yn y cefndir, mi fedra i glywed Lleucu a gweddill y criw yn chwerthin arna i lond eu boliau! Tydi'r chwerthin ddim ar y sgrin yn unig – mae'r chwerthin yn llenwi'r neuadd, ac mae Lleucu, sydd yn y rhes flaen, yn chwerthin yn uwch na neb.

Dwi isio mynd o 'ma. Dwi isio bod yn fy ngwely bach clyd yn ystafell Elsi a finnau, yn gwrando ar ei chwyrnu bach meddal y drws nesaf i mi. Dwi isio bod gartre. Ond dwi'n benderfynol o beidio â chrio, a dwi mor falch pan mae Lisa'n codi bawd arna i a gwneud ei hwyneb coch wrth slyrpian ei siocled poeth. Rydan ni'n cael ffilm go iawn wedyn, ond dwi'n methu'n lân â

chanolbwyntio wrth i mi ailwylio'r olygfa yna o ffilm y dydd yn fy meddwl, eto ac eto. Mae'r popcorn yn mynd yn styc yn fy ngwddw pan dwi'n trio eu llyncu nhw, a dwi'n chwys oer wrth feddwl am rannu ystafell gyda Lleucu a'r merched heno.

Tybed ydi Elsi'n fy ngholli i hefyd?

PENNOD 9

Yn ôl yn yr ystafell, dwi'n swatio fel wiwer yn y bync top efo fy nhrydydd llyfr yng nghyfres *Trio* wrth bopio'r cylchoedd meddal yn fy hoff degan *fidget*. Mae fy *mood ring* yn felyn fel canol ŵy – lliw tristwch, lliw poeni. Dwi'n gobeithio y bydd y *fidget* ac antur y tri yn tynnu fy sylw o'r hyn ddigwyddodd yn y neuadd. Mae 'na dedi'n gorwedd ar y tri gwely arall a dwi wir yn difaru na ddes i â Cadog efo fi. Dwi'n colli fy ngwely fy hun gymaint. Rŵan, mi fyddai Dad yn dweud stori i Elsi a fi, cyn i

Mam ganu cân nos da i ni.

Mae'r merched yn cymryd lot hirach i setlo na fi wrth iddyn nhw frwshio gwalltiau ei gilydd a pheintio eu hewinedd. Dwi ddim yn siŵr pam fod angen peintio ewinedd cyn cysgu, ond dyna fo.

"Mira – ti moyn peth?"

Aashvi sy'n siarad ac mae'n estyn ei phecyn tryloyw o baent ewinedd i'w ddangos i mi. Dwi bron iawn â'i dderbyn, er 'mod i ddim yn cael gan Mam a Dad – mae'r gwyrddlas sgleiniog ar ewinedd Clara'n dlws ofnadwy – ond ysgwyd fy mhen dwi'n ei wneud, gan fod 'na ran fwy ohona i sy'n ofni beth fysai Lleucu'n ei ddweud pan ddaw hi'n ôl o'r ystafell ymolchi.

Y funud nesaf, mae 'na sgrech uchel yn

llenwi'r ystafell.

"Lleucu yw e!" medd Aashvi, gan ruthro at yr ystafell ymolchi a churo'n gyflym ar y drws. Tydi'r sgrechian ddim yn stopio, ac mae Clara'n ymuno â hi i guro'r drws nes bod ystafell Y Wiwerod wedi ei llenwi gan sŵn. Dwi'n ysu i roi fy nghlustffonau crwban ar fy mhen i atal y sŵn, ond dwi ddim yn meddwl y byse hynny'n helpu'r sefyllfa rywsut.

"Ti'n ocê, Lleucs?" gwaedda Clara. "Lleucu, ti'n iawn?!"

"Pry!" Llais Lleucu (ydi hi'n crio?). "Pry copyn anferthol! Mae o'n afiach!"

O'r diwedd, mae hi'n agor drws yr ystafell ymolchi ac mae Clara ac Aashvi'n rhuthro i mewn.

"Ych, mae o mor fawr!" medd Clara.

"A blewog! Sai'n cyffwrdd e!" ychwanega Aashvi.

Dwi'n penderfynu dod i lawr o'r bync. Yn yr ystafell ymolchi, mae Lleucu wedi cyrlio'n belen dynn wrth ddrws y gawod, ei llygaid hi'n goch a'i bochau'n wlyb diferol. Pwyntia Clara i gyfeiriad y sinc, ac yn swatio yn nhwll y plwg, mae 'na bry copyn tŷ yn sefyll yn stond. Mae'n rhaid ei fod o mewn cymaint o sioc yn gweld (a chlywed) y cewri yma'n gweiddi uwch ei ben, druan. Mewn chwinciad, mae o yn fy llaw. Dwi'n agor y ffenest gyda fy llaw arall ac yn ei osod ar y sil i'w helpu i ddianc. "Ti'n rhydd rŵan," dwi'n sibrwd i'r copyn bach, cyn cau'r ffenest eto rhag denu mwy o bryfed i mewn.

"Sut wnest ti hynna?!" gofynna Clara

gan syllu'n gegrwth arna i, ei llygaid fel soseri.

"Ie – waw – ti mor ddewr!" medd Aashvi. "Diolch shwt gyment, Mira."

Mae 'na deimlad cynnes y tu mewn i mi wrth i mi wrando arnyn nhw. Edrych ar y llawr heb ddweud gair mae Lleucu. O leiaf tydi hi ddim yn crio.

PENNOD 10

Mae pawb yn mynd i'w gwlâu. Pawb ond Clara, sy'n cerdded o gwmpas yr ystafell fel tase hi'n chwilio am rywbeth.

"Well i ni fynd i'r gwely nawr, ti'm yn meddwl, Clara?" gofynna Aashvi. "Bydd Tina'n tsieco arnon ni cyn naw, cofia."

Tydi Clara ddim yn mynd i'w gwely, ac mae'n dal i chwilio yn ei chês am rywbeth. "Lle mae o?" gofynna i'w hun gan daflu ei dillad ar lawr yn flêr.

"Be sy'n bod arnat ti, Clara?" Mae llais Lleucu'n swnio braidd yn ddiamynedd.

"Dwi 'di'i golli fo! Cwshin gan Sophia ... siâp calon ... 'dach chi 'di'i weld o? Dwi'n siŵr wnes i ei bacio fo!"

Chwaer fawr Clara ydi Sophia ac maen nhw'n ffrindiau agos, dwi'n meddwl. Mae Clara'n crio rŵan. Crio bach tawel ydi o i ddechrau, ond yn fuan, mae'n grio o'r bol, ac mae ei bochau hi'n wlyb socian, fel oedd wyneb Lleucu yn yr ystafell ymolchi.

"Rhaid i ni fynd i'r byncs rŵan!" medd Lleucu'n reit strict. "Neu fe fydd Y Wiwerod mewn trwbwl a wnawn ni golli pwyntiau. Clara!"

"Sdim ots am y pwyntie, Lleucu," medd Aashvi'n dawel, wrth ddal ei braich yn dynn o amgylch Clara. "Hyn sy'n bwysig, ife?"

Tydi'r crio ddim yn stopio am sbel, ond

yn y diwedd, mae'n dechrau tawelu ac mae Clara'n dweud bod ganddi boen ofnadwy yn ei bol.

"Ti'n colli gartre?" dwi'n mentro gofyn, cyn ychwanegu "Mi rydw i."

Mae Clara'n nodio ei phen cyn dechrau igian crio eto (a finnau wedi meddwl ei bod hi'n hollol hapus i fod oddi cartre!). Dwi'n penderfynu bod hwn yn amser da i agor fy mhecyn da-da, er ein bod ni wedi brwsio ein dannedd yn barod. Rydan ni'n bwyta'r *Squishies* a'r *Love Hearts* i gyd, ac mae Lleucu'n ymuno hefyd, er ei bod hi'n dweud na ddylen ni rhag cael stŵr gan Tina a cholli pwyntiau. Dwi'n darllen y negeseuon doniol sydd ar gefn y calonnau bach pan dwi'n eu rhannu nhw allan, er mwyn trio gwneud i Clara wenu.

Dyna pryd dwi'n cael y syniad. Does gan yr un o'r tair lyfr i'w ddarllen yma, felly dwi'n cynnig darllen pennod o fy llyfr iddyn nhw cyn i ni gysgu. Dwi'n siŵr y byddai hynny'n helpu Clara i stopio meddwl am gartre. Nodia Clara ac Aashvi'n frwd a dwi'n penderfynu anwybyddu Lleucu sy'n dweud bod darllen yn ddiflas.

Dwi'n estyn fy llyfr ac yn eistedd wrth eu hymyl nhw ar wely Clara, gan ddefnyddio llais darllen da, fel fydd Dad yn ei wneud. Ymhen dim, mae'r crio wedi stopio'n llwyr.

"Reit 'ta, Wiwerod bach, amser cysgu rŵan, iawn?"

Tina sydd wrth y drws. Diolch byth ein bod ni wedi gorffen y da-das, neu mi fydden ni mewn trwbwl!

Ar ôl i Tina adael, rydan ni'n brwsio ein dannedd unwaith, eto gan biffian chwerthin ar adlewyrchiad ein gilydd yn y drych. Mae Aashvi'n diffodd y golau cyn dringo i'r gwely odana i, ond mae Lleucu'n dweud wrthi i'w adael o ymlaen er mwyn helpu Clara i gysgu. Dwi ddim yn meindio'r tywyllwch o gwbl, ond dwi isio i Clara allu cysgu. Wrth gau fy llygaid, dwi'n sylwi nad ydw i wedi meddwl am gartre ers meitin,

ac mae blas y da-das yn dal yn felys ar fy mysedd.

PENNOD 11

Yn y bore, dwi'n sglaffio pob tamaid o fy mrecwast, sef llond plât o *hash browns* a chrempogau sy'n gorflifo o syrop aur. Mynd i gloddio fydd ein tîm ni a'r Eirth y bore 'ma, medd Tina, sy'n rhannu bwrdd gyda ni.

Dwi erioed wedi cloddio o'r blaen a dwi ddim yn rhy siŵr beth i'w ddisgwyl. Mi fedra i deimlo gloÿnnod byw yn hedfan y tu mewn i mi wrth i ni aros i gael ein gosod mewn parau gan Tina. Lleucu ydi fy mhartner i. Tydi hi'n dal heb ddiolch i mi ers i mi ei helpu hi neithiwr, a do'n i ddim yn hoffi'r ffordd roedd hi'n siarad gyda Clara pan oedd hi'n torri ei chalon, ond dwi ddim eisiau gwneud ffws.

Mi rydan ni i gyd yn edrych yn reit ddoniol gyda'n helmedi mawr melyn a'n goleuadau llachar ar ein pennau – nhw fydd yn goleuo'r ffordd i ni, medd Tina, achos mi fydd y twnnel yn ofnadwy o dywyll. Rydan ni i gyd yn cymryd ein tro yn sefyll yng ngheg yr ogof er mwyn i Tina dynnu ein llun ar ei ffôn. Dwi'n gwenu'n gam wrth iddi wneud gan fy mod i braidd yn nerfus.

"Ewch ar eich pedwar wrth fynd i mewn, cofiwch, blant," eglura Tina, wrth ddangos y ffordd i Imran a Dyfan sydd yn y blaen. "Mi eith hi'n gul, cofiwch, ac mae'r nenfwd yn isel felly peidiwch â chodi eich pennau'n sydyn, iawn?"

Ni fydd nesaf ar ôl i Imran a Dyfan ddechrau ar eu taith. "Gei di fynd gynta', iawn, Mira?" medd Lleucu'n siort, gan gamu i'r ochr i mi fynd o'i blaen. Fedra i ddim credu pa mor hir ydi'r twnnel! Tydi hi ddim yn gloddfa go iawn – craig esgus ydi hi wedi'i chreu o *paper mache*, medd Tina, ond mae'n realistig ofnadwy. Dwi'n teimlo fel un o'r plant yna ers stalwm oedd yn helpu dynion i gloddio yn y pyllau glo.

"Mira, Imran, Lleucu, Dyfan – dach chi'n fy nghlywed i, yndach?"

Yn y pellter, ym mhen draw'r twnnel, mi alla i glywed Tina'n galw. Dwi hefyd yn clywed anadlu Lleucu yn drwm y tu ôl i mi.

"Dwi isio i chi ddiffodd eich goleuadau

rŵan, iawn? Jest am hanner munud – mi wna i gyfri. Jest i chi gael y profiad o drio cloddio heb olau. Sialens fach i'r Eirth a'r Wiwerod! Barod? Tri, Dau, Un!"

Rydan ni i gyd yn diffodd y goleuadau ar ein helmedi – pawb, ar wahân i Lleucu.

"Lleucu?" dwi'n mentro. "Ti'm yn mynd i —?"

"Gad fi fod!" mae'n hisian yn isel. "Syniad gwirion, diffodd y golau!"

"Ond mae'n rhan o'r dasg," dwi'n ei hatgoffa hi'n dawel. Mi fedra i ddweud nad ydi hi eisiau gwneud achos mae'n edrych ychydig fel oedd hi neithiwr ar lawr yr ystafell ymolchi, fel tase hi ar fin crio. Mae gen i ychydig o biti drosti.

"Pawb yn iawn i fewn fan'na, gloddwyr?" galwa Tina. "Un gole bach arall i'w ddiffodd, ie?"

"Fyddwn ni ddim yn hir, Lleucu," dwi'n sibrwd wrthi. "Mi ddwedodd Tina, yn do? Alli di ddal gwaelod fy siaced os ti isio, wrth i ni ffeindio'n ffordd."

O'r diwedd, mae'n diffodd y tortsh ar ei phen. "Dwi'n gwneud hyn i'r Wiwerod," medd Lleucu mewn llais bach tyn, ac mi rydan ni'n dechrau symud yn ein blaenau gyda'n gilydd yn ara' deg. Wrth i ni gropian yn y tywyllwch dudew, mi fedra i ei chlywed hi – mi fedra i glywed Lleucu'n crio.

"Dal 'mlaen i fy siaced, Lleucu," dwi'n dweud wrthi. "Fedra i weld y pen draw – fyddwn ni ddim chwinciad rŵan, gei di weld. Gaddo."

Rydan ni'n dal ati fel hyn ar ein pedwar,

a minnau'n gwneud fy ngorau i beidio â chodi fy mhen yn gyflym wrth i Lleucu ddal yn dynn yng ngwaelod fy siaced wrth snwffian crio.

O'r diwedd, rydan ni allan yng ngolau dydd. Mae'r haul yn llachar, llachar, ac mae'r timoedd yn ein cymeradwyo ni.

"Mira?" medd Lleucu'n dawel bach gan

gymryd fy llaw wrth stryffaglu ar ei thraed. Dwi'n meddwl ei bod hi'n crynu. "Diolch … Diolch, Mira." Mae hi'n gwenu arna i – gwên go iawn – ac mae'n helmedi ni'n taro yn erbyn ei gilydd wrth i mi roi cwtsh iddi.

Mae Tina yn estyn am ei ffôn i dynnu ein llun ni o flaen yr ogof. Wrth wenu ar y camera, dwi'n cydio yn ysgwyddau crynedig Lleucu gydag un fraich ac yn codi fy mawd gyda'r llall.

PENNOD 12

Ar ôl i ni bacio, ffarwelio efo Tina, a dringo ar y bws, mae Lleucu'n gofyn i mi a ydw i eisiau eistedd wrth ei hymyl hi yn y cefn. Mae Lisa'n eistedd yn y blaen wrth ymyl Marged, felly dwi'n cytuno, ac mi rydan ni'n chwarae un gêm ar ôl y llall o 'Mi wela i trwy fy llygaid bach i' wrth fwyta fy *Haribos*. Pan mae'r merched yn dechrau canu un o ganeuon y côr, dwi'n ymuno efo nhw am ychydig. Tydi'r diwn ddim yn un rhy anodd – tôn gron ydi hi, medd Lleucu – ac mae'n dipyn o hwyl, a dweud y gwir. Pan fydda i gartre, dwi am greu llyfrnod yr un i Lleucu, Clara ac Aashvi a lliwio llythyren gyntaf eu henwau yn y canol. Ac un i Lisa hefyd, wrth gwrs – a Tina o bosib!

Pan rydan ni'n cyrraedd iard yr Adran Iau, mae 'na dorf o rieni yn aros amdanon ni yn y glaw. Mi alla i weld cwrls bach Elsi'n bownsio i fyny ac i lawr wrth iddi dynnu ar gôt Mam a phwyntio ata i drwy ffenest y bws. Dwi'm yn meddwl eu bod nhw'n gallu fy ngweld i gan fod y ffenestri wedi stemio cymaint. Mae Elsi'n gwenu fel giât.

Mae hi mor braf bod 'nôl adre a chael swatio o dan flanced feddal yn fy hoff gadair a gorffen fy llyfr. Dwi wir, wir wedi blino! Y peth cyntaf mae Mam yn ei wneud ar ôl i ni gyrraedd ydi paratoi siocled poeth blas oren i mi gyda hufen sgwyrti ar y top. Wrth iddi wagio fy mag, mae'n sylwi bod un o fy welingtons newydd ar goll, ond tydi hi ddim yn flin. Mi gawn ni fynd i Gefn Eithin fel teulu i'w nôl o yn ystod y penwythnos, medd Mam, a dwi'n methu aros i ddangos y lle iddyn nhw. Dwi'n siŵr y bydd Elsi wrth ei bodd.

Mae Luned Aaron yn awdur ac yn arlunydd.
Mae wedi ennill Gwobr Tir na n-Og
ddwywaith am lyfr plant gorau'r flwyddyn.
Mae'n byw gyda'i theulu yng Nghaerdydd.

Hefyd yn y gyfres ...

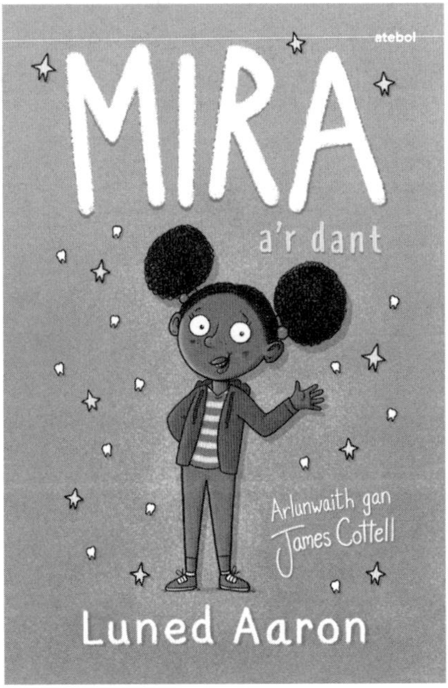